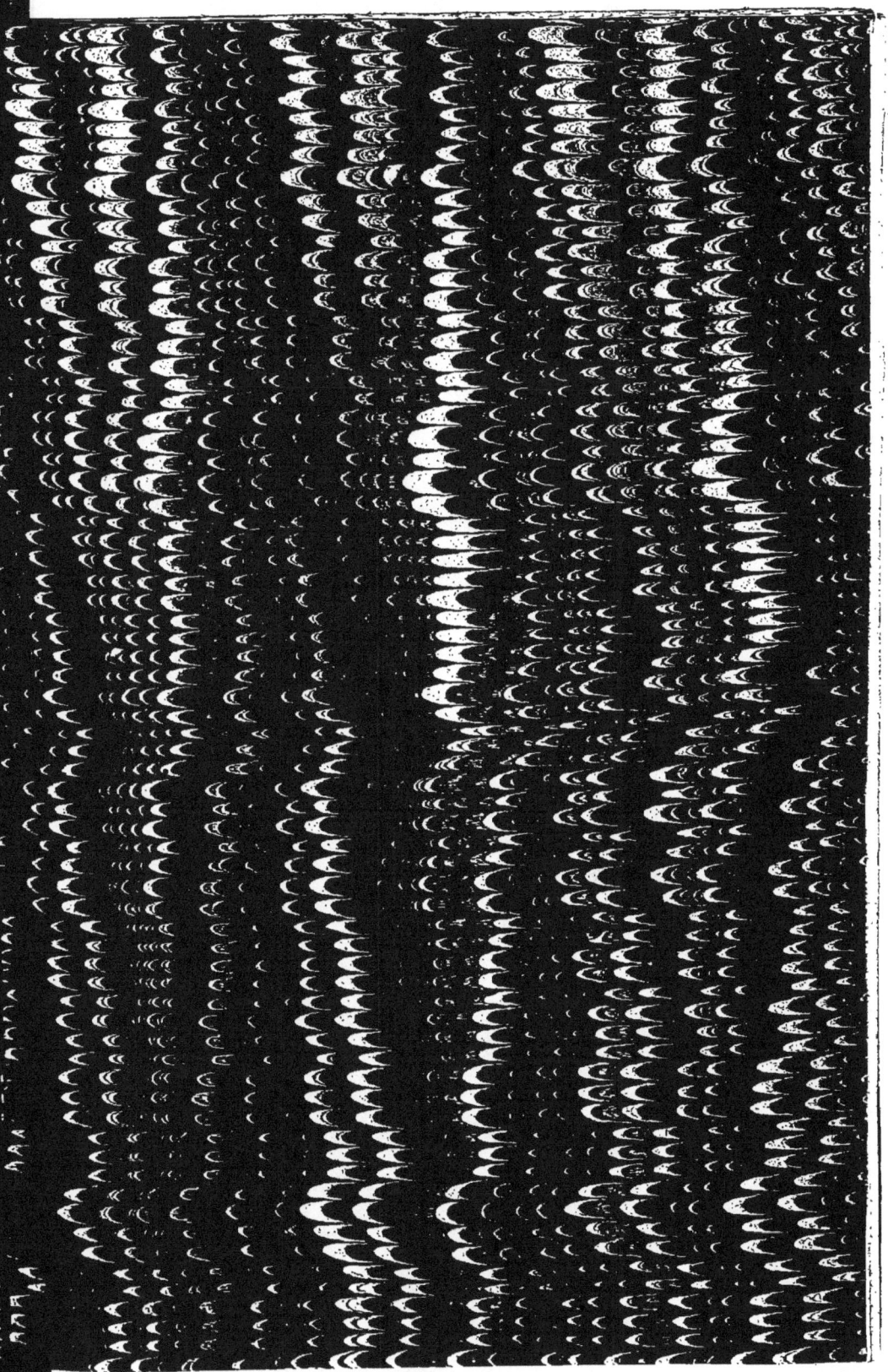

LETTRE
DE DAMON
enuoyee à Tircis & à Theophile
sur le suiet de son interrogatoire

du 18. Nouembre

M. DC. XXIII.

LETTRE DE DAMON

enuoyée à Tircis & à Theophile sur le suiet de son interrogatoire.

Ircis tu sçais bien que le cher amy Theophile ne te prie pas de le iustifier! Estime tu qu'il aye si peu de iugement que de prendre pour iuge de ses actiós celuy qui autresfois estoit amy, & maintenant enrahé d'inimitié, ne desire que sa perte & sa ruine? Pourquoy feins tu d'aymer le salut de son ame, & par ta feinte veux-tu persuader aux gés de bien qu'il merite & doit subir la peine des plus infames & damnables de l'vniuers? C'est donc ainsi (Tircis) que l'enuie que tu portes à sa vertu

A

& bel esprit te pousse à le pleindre en apparence & en effect à tascher de le faire mourir. Ne void on pas ta rage en ce que tu blasme ses vers *au commencement de ta responce pleine d'enuie* & *de ialousie, les appellans vers en platte peinture, Rithme fruolles, & par mocquerie tu dis que ce n'est pas en vers qu'on l'accuse*, & qu'en vers il ne se doit pas deffendre, *Et vn peu apres* tu les qualifie si *mal que de* les appeller *bijarres Poësies*. Plus outre, *vers execerables* plus bas *noirs & vilains* liures. Pour ceux que tu appelle folles poësies, il ne s'en soucie aucunement, car ils ne sortirent iamais de sa plume comme plusieurs graues & religieux personnages peuuent tesmoigner, tout le monde s'estonne que tu aye eu le front de faire voir au public & manifester à toute la France que l'enuie *te bruſle bien* plus viuement que le feu que tu nomme ſainct Erme ne ſçauroit faire. Penſe-tu que ces illuſtres & puiſſantes perſonnes, à qui tu le r'éuoye pour ſe pleindre & n'ayent plus de cognoiſſance de ſon innocence que toy? & qu'auec le temps, & la iuſtice ils ne la face plus briller que tu ne la ſçaurois obſcurcir? tu voudrois faire croire, ou que Dieu luy eſt incogneu, ou qu'il eſt Payen ou Idolatre : Parlons par raiſon. Si cela eſt pour quoy coféſſe-t'il ſes pechez aux Preſtres? pourquoy reçoit il la Sacree Communion? A quel propos frequente-t'il les Sacremens & les Egliſes? donne des aumoſnes, & fait tant d'œuure Chreſtiennes.

Ne ſçais tu pas ſi tu l'as frequenté, qu'il n'y a iour quelcõque qu'il n'aye faict & ne fasse ce que tu dis qu'Arion fit vne fois seulement en sa vie, & ce encore se voyant pres d'estre ietté dans le gouffre de la mer? serois tu si lasche de courage de croire qu'il ne craigne la mort du corps. N'as tu pas encor apris par ceux qui le traitent que c'est la moindre de ses apprehentions? & qu'il ne redoute que la mort de l'Ame laquelle il semble que tu voudrois estre mortelle lors que tu taxe la version qu'il a faict du discours de Socrate touchant L'immortalité de l'Ame? sçache (Tircis) que la plus grande faute que tu commette *encor outre* cela est le preschement que tu fais au cher ami Theophile par lequel tu l'exhorte à l'imitation des Saincts Martyrs, aux flames & aux brasiers pour l'expiation de ses impietez, lesquelles tu te repends auoir perpetré aussi bien que luy? ne considere tu point que si tu as esté complice de ses meschancetez, il faut aussi que tu sois compagnon de son supplice? Ah! Tircis quel creue-cœur me seroit ce si ie vous voyois tout deux en Greue dans vn brasier? puis que tu ne le peux accuser sans te condamner toy-mesme? Mais si ce n'est que l'enuie qui te meut a le blasmer, qu'est-il de besoin qu'elle te porte tant de preiudice? si c'est le peu d'estat qu'il fait de ton amitié & fidelité, que ne luy fais tu paroistre le contraire afin qu'il ne te soupçonne plus de ce crime: si c'est le desdain qu'il te tesmoigna à nostre derniere entreueuë pourquoy ne l'endure tu aussi bien de luy comme par plusieurs fois il a patiemment souffert de toy ? Hé, Tircis, aduoüe franchement le tort que tu as, non pas de faire à Theophile comme Amafis fit à Policrate, mais comme vn enuieux à vne perfonne fçauante & vertueufe. Si tu as de la confcience autant que tu profeffe en ta refponfe auoir de Religion, tu luy demanderas publiquement pardon, car comme en public tu l'as offencé auffi en public tu luy dois fatisfaire.

Ie crain Tircis, que l'honneur que tu m'as faict en me receuant le troifiefme & le dernier en voftre amitié ne m'acufe de ce que ie te parle fi franchement tu me blafmeras peut eftre d'outrecuidance de m'ofer pleindre de ton inconftance, mais tu ne l'oferois faire & auffi ne le dois ie pas craindre puifque la charge publique que tu
exerce

exerce requiert que tu te comportes auec equité aussi bien enuers les amis, qu'indifferens ou ennemis, ainsi ce que ie te dis ne doit point alterer ton courage, veu que pour te rendre redoutable aux meschans & criminels il faut que ceux qui sont constituez en telle dignité comme tu es, facent semblant de ne vouloir mesme espargner les innocens affin que la vertu des vns faussement attaquee rende plus abominable, le vice des autres qui sont iuridiquement conuaincus & iustement condamnez, car d'autant plus que l'innocence est combattuë tant mieux est elle entenduë plus attaquee plus soustenuë, plus embroüillee, mieux

B

esclaircie, c'est Tirsis, ce qui t'a esmeu à ne dire mot au commencement pour la deffence du iuste Theophile, au contraire, à faire semblant de le blasmer & renoncer à son amitié à fin que ses parties aduerses ne redoutassent point ton pouuoir en produisant leurs calomnies, & ainsi les laissant esclorre ouuertement deuant tout le monde elles en soient plus honteuse, & l'innocence de l'accusé plus glorieuse.

Il faut encore que ie te descouure le iugement que ie faisois de toy au commencement des poursuites contre ledit accusé, c'est que ie pensois que tu fusse des amis à la mode, qui durant le calme de la prosperité rient & font beau semblant: mais le vent de l'aduersité faisant soufleuer la tépeste, tournét le dos & ne recognoissent plus personne.

Quelquesfois aussi ie disois en moy-mesme, *Tircis l'abandonne*, par ce qu'il voit que la force de ses ennemis est si grande, que puis qu'elle violente mesme la Iustice, elle rendroit aussi vain tout l'effort qu'il pourroit faire pour le retirer du naufrage de la mort, dans lequel ils le veulent precipiter. C'est pourquoy il veut qu'ils croyent que sa mort ou sa vie luy est indifferente, & pour cet effect qu'il met la main à la plume à fin de faire vne responce pleine d'indignation à sa pleinte. Mais
B ij

pleut à Dieu que ie me fois trompé moy-mefme, & que mon iugement foit faux, & que tout ce que tu en as faict, n'aye efté que pour attendre l'occafion de monftrer ton amitié, fçachant bien que le temps meurit toutes chofes, & que ce grand & Augufte Parlement qui ne faict rien qui ne foit bien auparauant pefé auec les balances du temps & de la Iuftice te donnera le moyen de pourfuiure courageufement fon eflargiffement & liberté apres auoir trempé fi long temps dans les fombres & obfcures prifons du Palais, où fa patience monftre bien qu'il n'eft pas du nombre de ceux que tu exhorte par la tienne à se resoudre d'endurer patiemment & constamment la mort sur vn brasier ardent pour subir le supplice de ses crimes & abominations execrables. Voila Tircis vne legere, mais bien dangereuse consolation. Adieu Tircis.

Je n'aime désormais guère
moins le confort que la liberté
Le voyage en chemin p g (Club
Méditerranée) les enigma Medite-
rranéenne excepté). Voilà
Trois très legers, mais bien
dangereux compliments.
Adieu à tois

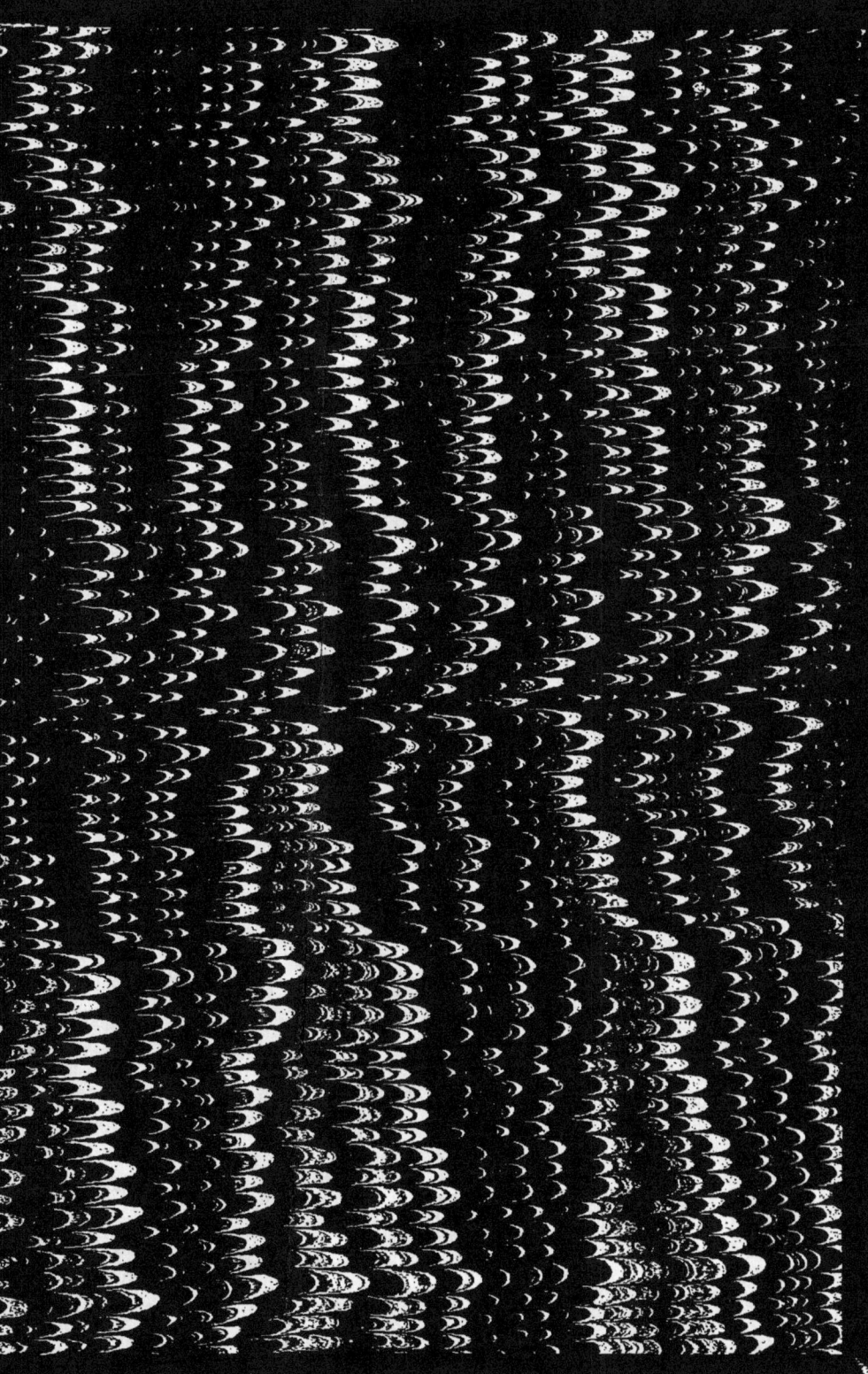

www.ingramcontent.com/pod-product-compliance
Lightning Source LLC
Chambersburg PA
CBHW060603050426
42451CB00011B/2061